*falter* 8

ALMUT BOCKEMÜHL

# Zeit des Sterbens

*Vom Hingang
eines alten Menschen*

VERLAG FREIES GEISTESLEBEN

CIP-Titelaufnahme der Deutschen Bibliothek

*Bockemühl, Almut*
Zeit des Sterbens: Vom Hingang eines alten Menschen /
Almut Bockemühl. – Stuttgart: Verlag Freies Geistesleben, 1991
(Falter; Bd. 8)

ISBN 3-7725-1058-2

NE: GT

Schutzumschlag: Doris Hecht / Walter Schneider
© 1991 Verlag Freies Geistesleben GmbH, Stuttgart
Druck: Offizin Chr. Scheufele, Stuttgart

# Inhalt

# Abschied

N un war es soweit, ich mußte Abschied nehmen von meiner Mutter. Es war ein langer Abschied, mühevoll war dieser Weg des Sterbens. Mehr als vier Jahre sehr nahen pflegenden Zusammenseins sind vergangen. Sie haben eine besondere seelische Dichte gehabt. Die täglichen körperlichen Dienstleistungen weben ein anderes, innigeres Band als noch so vertrauliche Gespräche. Diese hat es in früheren Jahren auch in reichem Maße gegeben. Dann sind sie verstummt. Die Mutter, früher Freundin ihrer Tochter, hob sich langsam aus ihren leiblichen Hüllen und wurde immer hilfloser. Die stufenweise Trennung war für beide schmerzlich.

Das Leben bringt vielfältige Wandlungen. Aus dem Kind, das die liebevolle Fürsorge seiner Mutter genossen hat, ist selbst eine Mutter geworden. Aus der Mutter wurde ihr Kind, der Fürsorge bedürftig.

Zuerst begann das schwindende Sehvermögen die Orientierung im Raume zu behindern. Dann wurden die Gliedmaßen schwächer und im Laufe der

Jahre vollkommen bewegungsunfähig. Die Füße konnten nicht gehen, die Hände nicht den Löffel zum Munde führen. Auch die sprachliche Äußerung gelang immer weniger und hörte schließlich ganz auf.

Oft saß die Tochter und betrachtete die so zart und durchgeistigt werdenden Züge der Mutter. Sie bekamen immer größere Ähnlichkeit mit Bildern aus der ersten Jugendzeit. Es war deutlich zu sehen, daß das Absterben nur den Körper betraf. Die Seele hatte sich schon auf eine andere Seinsebene erhoben, war aber doch noch an den Leib gebunden. Man sah, wie qualvoll sie oft mit diesem zu ringen hatte. Manchmal tauchte sie tief in ihn unter. Das war Schmerz, und das Gesicht verzerrte sich. Die Haut wurde blaß, die Hände kalt, das Bewußtsein klar. Dann wieder strafften sich die Züge, wurden rosig und entspannt, ja heiter, aber die Worte klangen dann verwirrt. Was wurde hier durchlebt und durchlitten? Monate und Jahre lang sah man, wie das Gefängnis des Leibes immer dichter wurde. Der Körper zog sich in sich zusammen, wurde starr und verkrampft. Durch die Bewegung der Glieder verströmt sich der Mensch in die Welt. Wird ihm dies verweigert, so bleibt als einziger Ausweg der nach innen.

Zu einem bestimmten Zeitpunkt begann die Spannung der Glieder sich auf einmal zu lockern.

Sie wurden weich und beweglich, aber nur von außen zu bewegen, ohne die Möglichkeit, sie von innen zu ergreifen. Dieser Zustand war noch erschreckender als der vorige, er dauerte auch nur wenige Tage. Der Körper war nur noch wie eine Puppe. Es war etwas aus ihm entwichen. Er wünschte auch keine Nahrung mehr.

Dann kam der Tag, an dem man nur noch die leblose Hülle betrachten konnte. Ihr Ausdruck war mädchenhaft, erstaunt, erwartungsvoll. Am nächsten Tag senkte sich ein tiefer Ernst darüber. Wo ist sie jetzt, die Seele, die man geliebt hat? Wie kann man sie erreichen? Mit dem Menschen, den man so an die Schwelle geleitet hat, möchte man gern noch ein paar Schritte weiter gehen. Dabei wird alles zur Frage.

Später hatte ich das Gefühl, man sollte die Stille und das Hinhorchen, das man dem ernsten Totenantlitz gegenüber geübt hatte, noch weiter pflegen, ja es schien, als sei dies jetzt die wichtigste Aufgabe. Das hektische Getriebe des Alltags ist quälend. Es schiebt sich wie eine Mauer zwischen Lebende und Verstorbene.

Wie eine Flucht war die Abreise, wie ein Aufatmen die Ankunft in der Natureinsamkeit Griechenlands. Doch trägt man eine Weile das Zerstückelnde des Alltagslebens noch mit sich herum, bis es in einer Nacht ganz still wurde, außen und innen.

Am Tage blickte ich von einem Felsen hinaus aufs Meer, lauschend und sinnend. Kann das Bild dieser flutenden Weite noch zu uns sprechen wie zu den alten Griechen, die in ihm den «Äther-Ozean» sahen, auf dem unsere Seelen sich nach dem Tode fortbewegen, sich lösend von der Gefangenschaft im physischen Leibe, sich dehnend und weitend, noch ungewohnt der Weite und Lichtfülle? Eine Möwe fliegt dicht über der Wasseroberfläche, gleitet fast darüber hinweg, und atemlos glaubt man zu verstehen, wie der Geist die irdische Welt berührt und wie irdisches Wesen sich in den Weiten des Umkreises auflösen und doch es selbst bleiben kann.

Wir aber, die wir auf dem Felsen sitzen, sind Zuschauer.

# Metamorphosen

Beim Gang durch das hohe Gras flattert ein weißer Schmetterling auf, taumelt im Wind und verschwindet hinter der nächsten Gruppe von Büschen.

Viele Bilder hat der Mensch schon für den Vorgang des Sterbens gefunden. Eines der schönsten ist das des Schmetterlings, der die Puppenhülle abstreift, den unbrauchbar gewordenen Erdenleib, und, ein lichtes, leichtes Flügelwesen, sich aufhebt zur Sonne. So wenig man sich den Schmetterling in die Puppe zurückwünscht, so wenig sollte man einen alten oder kranken Menschen, der die Schwelle überflogen hat, zurückholen wollen. «Ich brauche einen neuen Leib, mein alter ist verbraucht», sagte eine alte Frau.

Mit dem Augenblick des Todes wird alles neu. Nur wir Zurückgebliebenen sind in der Lage, daß wir ratlos vor der zurückgelassenen Hülle stehen und den Höhenflug nur ahnen.

Nach dem Tode gleicht der Mensch dem Schmetterling. Aber gleicht er nicht auch vorher in seiner Erdgebundenheit der am Boden kriechenden Raupe, die ständig damit beschäftigt ist, Stoffliches an sich heranzuziehen und sich damit anzufüllen? Wir wollen nicht verächtlich auf die Raupe blicken, sie ist das Kind des Schmetterlings. Er geht durch sich wandelnde Gestalten, und auch der Durchgang durch das Raupensein gehört zu seinem Wesen.

Doch nicht unmittelbar geht die eine Gestalt in die andere über. Dazwischen schieben sich rätselhafte Zwischenformen, in denen bei äußerer Unscheinbarkeit alles Leben ganz nach innen genommen ist: das Ei und die Puppe. Beide sind völlig hilflos und unbeweglich, und doch vollziehen sich in ihrem Inneren die wichtigsten Umwandlungsprozesse. Dürfen wir auch für diese Zustände Parallelen im Menschenleben suchen? Etwa die früheste Säuglingszeit und das späte Alter? Auch in diesen Übergangszeiten wird Außerordentliches geleistet und durchgemacht in einem Zustand, der der äußeren Pflege und Hilfe sehr bedarf.

Die Raupe verwandelt sich in die Puppe durch eine letzte Häutung, der schon mehrere andere vorangegangen sind. Dieser Übergang kann dramatisch verlaufen. Das Tier bäumt sich wild auf, schlägt um sich und bemüht sich heftig, unter Drehen und Wenden die letzte Haut von sich zu streifen. Der nun folgende Zustand gestaltet sich bei den verschiedenen Schmetterlingsarten etwas verschieden. Manche Puppen ruhen unter der Erde, manche spinnen sich ein, manche hängen sich, nur an einer einzigen Stelle befestigt, auf, wobei der Bauch nach vorn gewandt ist, eine Gebärde der Wehrlosigkeit und Ausgeliefertheit. Es ist wie eine Umstülpung nach außen. Die Außenhaut bildet nun eine starre Kapsel, während das Innere sich chaotisiert und aus dem Chaos heraus der neue Leib geschaffen wird.

Sind nicht all diese verschiedenen Zustände Bilder für Erlebnisse des Menschen, die im Alter auftreten können? Wie oft leidet der alte Mensch unter dem Eingesperrtsein in einem immer starrer werdenden Gehäuse. Er muß sich in die Bilder seiner Erinnerungen einspinnen, weil der Sehsinn, der Gehörsinn die Pflege der Beziehungen nach außen nicht mehr erlauben. Er muß sich hilflos der Freundlichkeit oder Lieblosigkeit eines Pflegers anvertrauen. Inzwischen erlebt er in seinem Innern eine Umbildung aller Kräfte. Der Tod bringt dann die große Umstülpung, das Innere kehrt sich nach außen. Der Leib wird fallen gelassen, wenn er so brüchig geworden ist, daß der Mensch ihn nicht mehr tragen kann.

Eigentlich aber erstreckt sich der Vorgang des Sterbens über die ganze zweite Lebenshälfte. In der Mitte des Lebens hat sich das Geistig-Seelische am festesten mit dem Physisch-Leiblichen verbunden.

Das Geistige hat physische Gestalt angenommen, hat sich ins Leibliche hineinverwandelt. Der Mensch ist in dieser Zeit am meisten «ein Bild seiner selbst». Die erste Lebenshälfte besteht darin, sich zu diesem Bild hinzuentwickeln, immer inniger mit der leiblichen Hülle zu verschmelzen. Dies ist die natürliche Entwicklung, zu der der Mensch unbewußt hindrängt. Ein gesunder jugendlicher Leib bringt die Liebe zum irdischen Dasein sozusagen von selbst hervor, er will sich mit dem Physischen verbinden und sein Erdenschicksal aufsuchen.

Der Weg der zweiten Lebenshälfte hingegen, sich wieder aus dem Leibe zu lösen, ist schwere Arbeit, wie das Abstreifen der alten Haut bei der Raupe. Die enge Verwobenheit von Seele und Leib wird wieder gelockert. Physisch-Leibliches wird vergeistigt, verwandelt sich in Geistig-Seelisches. Dies geht nicht von selbst, es ist Mühe und Anstrengung. Dabei tritt eine immer größere Distanzierung vom eigenen Leibe ein, der Leib wird immer mehr zu etwas, das wir mitzuschleppen haben.

Meistens sehen wir unsere Aufgabe vor allem darin, uns kräftig mit dem Erdensein zu verbinden. Viel zu wenig beachten wir die Arbeit, die damit verbunden ist, uns wiederum zu lösen. Wir arbeiten aber, indem wir uns bemühen, in der richtigen Weise alt zu werden, das heißt Irdisches in Geistiges zu verwandeln, an der Transsubstantiation der Erde.

Dabei sind Abbau und Zerstörung des Physischen unvermeidbar. Durch alles bewußte Geistesleben wird physische Substanz zerstört, es ist ein partielles Sterben. Ohne dieses Sterben ist für den Menschen keine geistige Leistung möglich. Das wußte schon Sokrates, dessen Tod dadurch das Vorbildhafte für seine Schüler hatte, daß er durch sein Sterben die letzte Konsequenz aus seiner Philosophie zog: «Diejenigen, die sich auf rechte Art mit der Philosophie befassen, mögen wohl, ohne daß es freilich die andern merken, nach gar nichts anderem streben, als nur zu sterben und tot zu sein. Ist nun dieses wahr: so wäre es ja wohl wunderlich, wenn sie zwar ihr ganzes Leben hindurch sich um nichts anderes bemühten als um dieses, wenn es nun aber selbst käme, dann unwillig sein wollten über das, wonach sie lange gestrebt und sich bemüht haben.»

Der Tod des Sokrates, wie er von Platon beschrieben wird, hat seine wunderbare Würde dadurch, daß hier ein Mensch im vollen Bewußtsein seiner unsterblichen Seele den Leib ablegte wie eine nicht mehr benötigte Hülle, während die Seele sich wie ein Schmetterling aus der Gebundenheit an das Irdische befreite.

# Sterntaler

Eine noch junge, aber schwerkranke Frau, die schmerzvoll dem Tode entgegenging, sagte eines Tages: «Jetzt habe ich das Märchen von den Sterntalern verstanden.» «Wie das?» fragte ich. Die Antwort war: «Man muß alles hergeben.» Kürzer und erschütternder kann man den Weg des Sterbens wohl nicht beschreiben. Alles, bis aufs letzte, wird uns abgefordert. Es genügt nicht, das Mützchen zu verschenken, das man ohnehin nicht so dringend braucht. Ein Stück nach dem andern bis zur letzten Hülle, bis zum Hemd, muß abgegeben werden. Das Wort Leichnam setzt sich zusammen aus dem germanischen «lika» = Körper, Gestalt und «hama» = Hülle, Hemd, heißt also eigentlich «Leibeshülle» und war sicher nicht, wie das etymologische Lexikon wissen will, ein «dichterischer Ausdruck», sondern die korrekte Beschreibung dessen, daß der Körper die letzte Hülle, das Hemd, für des Menschen eigentliches Wesen ist. Dieses Hemd ist das letzte, was der Mensch auf dem Wege des Sterbens abzulegen hat.

Gibt man es nicht freiwillig, so wird es genommen. Die alten Griechen sprachen vom Todesgott Thanatos, der sich wie ein Geier auf seine Beute stürzt und den Menschen fortreißt von der Erde, die er doch liebte.

Im Mittelalter wurde der Gedanke an den Tod gepflegt, um die Menschen zu einem tugendhafteren Leben zu bekehren. Der Tod wurde im Bilde des Schnitters dargestellt. «Es ist ein Schnitter, heißt der Tod...», die Menschen sind hinfällig wie das Gras und die Blumen, die unter der Sense fallen. Aus der Apokalypse stammt das Schrecken erregende Bild des «Reiters auf dem fahlen Pferd». Man sah den Tod auch als Jäger, der seine Opfer mit Pfeil und Bogen erlegt, oder als Spielmann, der durch sein Spiel die Menschen heranlockt. Von hier ist es nur ein kleiner Schritt zu den mittelalterlichen Totentänzen, einem Motiv, das vom 13./14. Jahrhundert an häufig dargestellt wurde, z.B. in der Bemalung der Friedhofsmauer der Predigerkirche zu Basel, von der allerdings nur noch Bruchstücke erhalten sind. Sie sollten vor allem ins Bewußtsein rufen: Vor dem Tode sind alle gleich, Kaiser und Bettler, Papst und Waldbruder, Edelfrau und gemeine Magd. Allgemeiner gesagt: Alles Irdische ist vergänglich.

Noch die Dichtung des Barock, die ja auch in die Zeit des Dreißigjährigen Krieges fällt, hat davon ihre dunkle Grundtönung:

Was sind wir Menschen doch! Ein Wohnhaus
                    grimmer Schmerzen?
Ein Ball des falschen Glücks, ein Irrlicht dieser Zeit,
Ein Schauplatz herber Angst und Widerwärtigkeit,
Ein bald verschmelzter Schnee und
                    abgebrannte Kerzen.

Dies Leben fleucht davon wie ein Geschwätz
                    und Scherzen.
Die vor uns abgelegt des schwachen Leibes Kleid
Und in das Totenbuch der großen Sterblichkeit
Längst eingeschrieben sind, sind uns aus Sinn
                    und Herzen.

So Andreas Gryphius. Und doch ist auch der Gedanke sehr alt, daß der Tod als der große Befreier an
den Menschen herantritt, der uns von den Nichtig-
keiten und Widerwärtigkeiten des Daseins erlöst.
   Er befreit nicht nur von körperlichen Schmerzen,
sondern von allen physischen Abhängigkeiten.
Schon vor 5000 Jahren wurde dies erlebt, wie ein
altägyptischer Hymnus zeigt:

Zu wem soll ich reden zur Stunde?
Frech sind die Herzen.
Jeder giert nach des Nächsten Habe.
Zu wem soll ich reden zur Stunde?
Wer sanft ist, geht unter;

die Frechen breiten sich über den Erdball.
Zu wem soll ich reden zur Stunde?
Es gibt nicht Gerechte, die Welt ist voller Übeltäter
ohn Beispiel.
Der Tod steht vor mir zur Stunde,
und sieh, ich gesunde,
wie wenn man aufsteht nach schwerer Krankheit.

Wer vor dem Tode gestanden hat, gesundet. Er
befreit sich von Ehrgeiz, von Habsucht, Macht-
gelüsten, Eitelkeit und Egoismus, von allen Gewal-
ten, die uns an das Irdische fesseln. Im Tode liegt das
Geheimnis der menschlichen Freiheit. Dies schilderte aus persönlicher Betroffenheit der Jugoslawe
Mihajlo Mihajlov in einem aus dem Gefängnis ge-
schmuggelten Aufsatz. Er beschreibt dort, wie viele
Menschen in der Gefangenschaft, also gerade in
einem Zustand äußerer Unfreiheit, zu einem tief-
greifenden Erlebnis innerer Freiheit gekommen
sind: Nur wer völlig entsagt, wird völlig frei, das
heißt die Freiheit beginnt dort, wo nichts mehr zu
verlieren ist. Wenn man der letzten Entäußerung,
der letzten Entblößung zugestimmt hat, ersteht im
Inneren eine geheimnisvolle Kraft, von deren Exi-
stenz man bisher nichts gewußt hat.

Dies nennt Mihajlov «die mystische Erfahrung
der Unfreiheit». Vielleicht geht dies in die gleiche
Richtung, in die Rudolf Steiner wies, als er von be-

stimmten Seelenerlebnissen sprach, die man im Alter haben könnte, wenn die Abhängigkeit von der Leiblichkeit nicht so groß wäre, Erlebnisse, die den Menschen in ungeheure Tiefen hineinführen könnten, einfach dadurch, daß er mit vollem innerem Wachsein älter wird. Aber erst wenn man bereit ist, «alles herzugeben», wird dieser Quell erschlossen.

In märchenhafter Sprache können wir dies das «Sterntaler-Erlebnis» nennen: «Und wie das Kind so stand und gar nichts mehr hatte, fielen auf einmal die Sterne vom Himmel, und waren lauter goldene Taler, und ob es gleich sein Hemdlein weggegeben, so hatte es ein neues an, das war vom allerfeinsten Linnen.»

Ein äußeres Bild für ein inneres Erlebnis. Aber sind wir hier nicht überhaupt in der Sphäre, wo Innen und Außen aufgehoben sind, in eins zusammenfließen? Kann es uns da noch wundern, daß Mihajlov von einer mystischen Kraft spricht, «die zugleich in der Tiefe der menschlichen Seele als auch in der äußeren Welt wirksam ist», sodaß man nicht nur in sich etwas wahrnimmt, sondern zugleich merkt, wie etwas von außen helfend und führend entgegenkommt? Dies muß besonders erschütternd wirken unter den Umständen von Lager und Gefängnis. Doch auch wenn der Tod in alltäglichere Verhältnisse eingreift, kann man mit etwas Aufmerksamkeit bemerken, wie diese plötzlich über sich selbst hinauswachsen, wie die Dinge beginnen, sich ohne das eigene Zutun bedeutsam zu ordnen, wie dieser Zeitpunkt, diese Witterungslage, diese Menschen zu diesem ganz individuellen Todesfall hinzugehören, sich um ihn herum zu einer Figur gruppieren.

Es ist wohl ganz allgemein so, daß die geistigen Wesen, denen die Führung der Menschen anvertraut ist, immer mehr Spielraum für ihre Tätigkeit bekommen, je mehr es den Menschen möglich wird, ihren Eigenwillen aufzugeben.

Viele alte Menschen empfinden es ganz instinktiv, daß jetzt ihre Hauptaufgabe das Loslassen ist, das Loslassen von Wünschen, von Egoismen, von Ehrgeizen, bis hin zum Abstoßen von Besitztümern. Und je mehr dies gelingt, desto mehr keimt im Inneren die Dankbarkeit auf für alles, was man trotz allem noch haben kann. Kleine Dinge können Glanz und Schönheit bekommen. Eine alte Frau drückte dies so aus: «Ich könnte mir denken, daß das neue Leben ganz von einem kleinen Punkt ausgehen kann, z.B. wenn jemand jeden Tag die Vögel füttert – nicht zu viel. Die Schwächsten werden die Stärksten sein.» Eine solche Verlangsamung und Intensivierung der Lebensgeschwindigkeit strahlt als milde Güte wohltuend in die Umgebung aus. Besonders Kinder sind dankbar, wenn sie in einer solchen Atmosphäre leben dürfen.

# Der Knochenmann

Woher kommt es denn, daß alte Leute keineswegs immer so tugendhaft sind, wie sie nach der vorangegangenen Darstellung sein müßten? Gibt es nicht machtgierige Greise, die sogar manchmal Weltgeschicke in unheilvoller Weise lenken? Gibt es nicht aufgedonnerte alte Frauen, die in peinlicher Art Eitelkeit zur Schau tragen? Sind nicht viele alte Leute undankbar, nörgelig, aggressiv, herrschsüchtig, geizig, unzufrieden?

Die Früchte des Alters werden uns nicht geschenkt. Schlechte Eigenschaften, die man im Laufe des Lebens nicht überwunden hat, kommen im Alter in gesteigerter und oft karikierter Form heraus. Das gilt auch für die Temperamente. Wer in jüngeren Jahren ein bißchen melancholisch war, wird, wenn er es nicht rechtzeitig überwindet, im Alter unzufrieden sein und ständig klagen. Wer vom Leben verwöhnt worden ist und an seiner Oberfläche dahintändelte, wirkt, wenn keine Vertiefung eintritt, im Alter kindisch. Nicht nur der Körper wird

sklerotisiert, auch seelische Eigenschaften verfesti-
gen sich.

Alt werden ist ein ständiger Kampf: ein Kampf
gegen Müdigkeit und Erschöpfung, gegen Schwä-
che, Ungeschicklichkeit, Vergeßlichkeit, Lahmheit,
Krankheit, Vereinsamung, aber auch gegen das
Sich-Anklammern an Besitz, gegen Geiz, Mißtrau-
en, Egoismus und vielerlei Ängste. Man erlebt, wie
man aus seinem Leibeshause verdrängt werden soll,
und setzt sich dagegen zur Wehr, will festhalten, was
man halten kann.

Oft läuft parallel das große Problem, wie das Le-
ben sich überhaupt wird weiter gestalten lassen. Es
ist schwer, die Menschen zu finden, die bereit sind,
Hilfe zu leisten. Es ist schwer, Hilfe anzunehmen
und sich damit dem Hilfeleistenden «auszuliefern».
Früher war es selbstverständlich die Familie, die die
Hilfe gab, so gut sie es konnte und für richtig hielt.
Daß dabei nicht immer nur Liebe gegeben wurde,
beschreibt die folgende, kleine Erzählung, die die
Brüder Grimm überliefert haben:

### Der alte Großvater und der Enkel

Es war einmal ein steinalter Mann, dem waren die
Augen trüb geworden, die Ohren taub, und die
Knie zitterten ihm. Wenn er nun bei Tische saß und
den Löffel kaum halten konnte, schüttete er Suppe
auf das Tischtuch, und es floß ihm auch etwas wie-

der aus dem Mund. Sein Sohn und dessen Frau ekelten sich davor, und deswegen mußte sich der alte Großvater endlich hinter den Ofen in die Ecke setzen, und sie gaben ihm sein Essen in ein irdenes Schüsselchen und noch dazu nicht einmal satt, da sah er betrübt nach dem Tisch, und die Augen wurden ihm naß. Einmal auch konnten seine zitterigen Hände das Schüsselchen nicht festhalten, es fiel zur Erde und zerbrach. Die junge Frau schalt, er sagte aber nichts und seufzte nur. Da kaufte sie ihm ein hölzernes Schüsselchen für ein paar Heller, daraus mußte er nun essen. Wie sie da so sitzen, so trägt der kleine Enkel von vier Jahren auf der Erde kleine Brettlein zusammen. «Was machst du da?» fragte der Vater. «Ich mache ein Tröglein», antwortete das Kind, «daraus sollen Vater und Mutter essen, wenn ich groß bin.» Da sahen sich Mann und Frau eine Weile an, fingen endlich an zu weinen, holten alsofort den alten Großvater an den Tisch und ließen ihn von nun an immer mitessen, sagten auch nichts, wenn er ein wenig verschüttete.

Solche und viel schlimmere Geschichten geschehen auch heute. Die Liebe einem hilflosen Kinde gegenüber kann man noch in gewisser Weise als Naturtrieb ansehen. Sogar dies ist aber immer weniger selbstverständlich. Noch weniger die Liebe zu einem alten Menschen.

Viele alte Leute ziehen daher den Schritt ins Altersheim vor, um ihrer Familie nicht zur Last zu fallen. Es kann auch sein, daß gar keine Familie vorhanden ist. Im Heim gibt es ein neutrales Pflegepersonal, das für seine Hilfeleistungen bezahlt wird. Daß auch dies Probleme mit sich bringt, braucht nicht ausgeführt zu werden. Wahrscheinlich muß in Zukunft noch viel Phantasie auf sozialem Felde entwickelt werden, um für jeden Menschen eine individuelle Gestaltung des Alters möglich zu machen. Auf jeden Fall ist es nicht einfach, die bisherige Lebensform loszulassen, sein Haus, seine Wohnung zu verlassen, sich von vielen lieben Dingen zu trennen und einen Teil seiner Selbständigkeit aufzugeben. Was einen dazu zwingt, ist der eigene Leib, der immer weniger dem Willen gehorchen will. Er wird in den Bann der Schwerekräfte gezogen. Mancher Sturz ist hinzunehmen, weil man nicht recht gesehen hat, zu ungeschickt war, weil das Gehirn für kurze Zeit seine Funktion versagte. Wenn die Beine einen endgültig nicht mehr tragen wollen und man sitzend oder liegend seine Tage verbringen muß, entstehen leicht Druckstellen und Wunden. Nun merkt man erst, wie stark die Schwerekräfte in einem Körper wirken, dessen Beweglichkeit erloschen ist.

Immer deutlicher wird es, daß der Mensch nicht identisch ist mit seinem Körper, sondern daß dieser sein Werkzeug ist, früher ein williges, jetzt aber ein widerstrebendes. Diese Feststellung kann zu einem distanziert kameradschaftlichen Verhältnis zum eigenen Körper führen. Es gibt alte Menschen, die dies mit feinem Humor nehmen können. Rainer Maria Rilke sprach während einer Krankheit seinen Körper mit einem Gedicht an:

Bruder Körper ist arm…: da heißt es, reich sein
für ihn.
Oft war *er* der Reiche: so sei ihm verziehn
das Armsein seiner argen Momente.
Wenn er dann tut, als ob er uns kaum noch
kennte,
darf man ihn leise erinnern an alles Gemeinsame.

Freilich sind wir nicht Eines, sondern zwei
Einsame:
unser Bewußtsein und Er;
aber wie vieles, das wir einander weither
verdanken,
wie Freunde es tun! Und man erfährt im
Erkranken:
Freunde haben es schwer!

Je größer der Abstand von «Bruder Körper» wird, desto mehr kann man bemerken, wie eine fremde Macht sich hineinschiebt, sich im Leibe, in den Knochen einnistet: der Geist der Erstarrung, der Knochenmann.

Einmal, als ich der Mutter beim Waschen helfen wollte, sagte ich: «Mußt du denn die Hände so fest zuklemmen? Mach sie doch mal auf, damit wir sie besser waschen können.» – «Das bin doch nicht ich, das ist der Mann», war die Antwort, die mir viel zu denken gab. Was macht man durch, wenn fremdes Wesen sich im Leibe eingenistet hat, der doch uns gehören sollte?

Man spürt mit Betroffenheit, daß in den einsamen Stuben alter und kranker Menschen ein okkulter, ein verborgener Kampf gekämpft wird gegen dämonische Wesen, die nicht in Fleisch und Blut verkörpert sind und sich unseres Leibes bemächtigen wollen. Sind es «die Weltenherren der Finsternis, die in der Finsternis dieses Zeitalters ihr Unwesen treiben», von denen Paulus im Brief an die Epheser im 6. Kapitel schreibt? Es gibt ein Heldentum, das sich nicht in äußeren Taten manifestiert, sondern schlechterdings durch menschliches Dasein. Man beginnt die Szene zu verstehen, die von Rudolf Steiner erzählt wird, als eine Dame im Anblick einer Schwerkranken, die gelähmt im Bett lag und gefüttert werden mußte, voller Mitleid sagte, es wäre doch gut, wenn die Ärmste bald erlöst würde. Er erwiderte darauf sehr ernst: «Keineswegs, jede Stunde, die sie auf Erden lebt, ist wichtig für die ganze Menschheit.» Die Auseinandersetzung mit dem Widerstand der Leibesorganisation ist eine Tat, ebenbürtig allem anderen, das wir zum Weltenfortschritt beitragen können.

Nicht nur fremd kann der Leib werden, sondern zum Feind, zum Quäler. Das letzte Gedicht von Rainer Maria Rilke, das wenig bekannt ist, lautet:

Komm du, du letzter, den ich anerkenne,
heilloser Schmerz im leiblichen Geweb:
wie ich im Geiste brannte, sieh, ich brenne
in dir; das Holz hat lange widerstrebt,
der Flamme, die du loderst, zuzustimmen,
nun aber nähr ich dich und brenn in dir.
Mein hiesig Mildsein wird in deinem Grimmen
ein Grimm der Hölle nicht von hier.
Ganz rein, ganz planlos frei von Zukunft stieg
ich auf des Leidens wirren Scheiterhaufen,
so sicher nirgend Künftiges zu kaufen
um dieses Herz, darin der Vorrat schwieg.
Bin ich es noch, der da unkenntlich brennt?
Erinnerungen reiß ich nicht herein.
O Leben, Leben: Draußensein.
Und ich in Lohe. Niemand der mich kennt.

Den Leib hergeben, den Leib in Schmerzen brennen lassen, ist unsere letzte Gabe an die Menschheit. Es hat überpersönliche Bedeutung, ist Nachfolge Christi auf dem Wege der Passion zur Durchgeistigung physischer Substanz, zum Aufbau des

Auferstehungsleibes. In einem alten, brüchig gewordenen oder kranken Leibe zu leben, ist ein Beitrag zur Überwindung Ahrimans, des Geistes der Finsternis. Auch diejenigen sind daran beteiligt, die diese Alten und Kranken pflegen dürfen.

# Das Schwanken der Wände

Der Tod hat viele Gesichter. Sie wandeln sich, sowohl im Leben des einzelnen Menschen als auch in der Menschheitsentwicklung. Zur Zeit des klassischen Griechentums milderte sich das Bild des gewalttätigen Todesgottes. Er bekam sanftere Züge, wurde zum Bruder des Schlafes.

Mit der Entwicklung des Christentums zog die Vertrautheit mit dem Tode mehr ins Innere der Seele. Man lebte mit ihm. Der Heilige Franziskus von Assisi bezog ihn ein in seinen Lobpreis der Schöpfung:

Gepriesen seist du, o Herr, durch den leiblichen
Tod, unsern Bruder,
vor dem nicht mag entrinnen kein Lebendiger.
Wehe, welche in Todsünde sterben.
Selig, welche der Tod dir ergeben trifft,
die Nacht wird ihnen kein Leids tun.

Soll der Tod Freund und Bruder des Menschen werden, so müssen die Kämpfe und Überwindungen bereits vorher geleistet sein.

So war es auch bei der Mutter, von deren Sterben hier berichtet wird. Der Übergang geschah fast unmerklich. Die Endgültigkeit des letzten Atemzugs aber ließ die Zeit stillstehen. Es war, als ob ein großes Flügelwesen sich herabsenkte und alles mit seinem Frieden erfüllte.

Die Griechen stellten sich vor, daß der Eingeweihte ein anderes Verhältnis zum Tode hat als der Nichtgeweihte. Er kommt nicht ins finstere Schattenreich. Hermes, der Seelengeleiter, führt ihn unmittelbar in die Gefilde der Seligen. Er hat den Gang in die Unterwelt, die Auseinandersetzung mit den Todeskräften durch seine Einweihung vorweggenommen. So kann es auch heute noch sein.

Man kann hinzufügen: Außer der bewußt auf dem Schulungsweg erarbeiteten Einweihung können harte Schicksalsschläge oder ein hohes Alter eine Lebenseinweihung bringen, durch welche die nachtodlichen Schrecken im voraus durchlitten werden. Darf man wohl annehmen, daß solche Menschen nach dem Tode rascher aufsteigen dürfen in die «Gefilde der Seligen», das heißt in die geistige Welt.

Der dem Tode entgegengehende alte Mensch kann sich in ein Erleben hineingestellt fühlen, für das ihm alle Begriffe fehlen. Er kann nur in Bildern davon sprechen, die zwar der Sinneswelt entnommen sind, aber keinen realistischen Sinn ergeben.

Das wirkt dann für die Mitmenschen «verwirrt» wie die Fieberphantasien eines Kranken. Wenn diejenigen, die das Sterben begleiten, es aber fertigbringen, nicht ihre «Normalheit» zum Maß aller Dinge zu machen, sondern sich auf die Bilder einzulassen, so können sie dadurch viel lernen und eine große innere Bereicherung erfahren. Auch dem alten Menschen können sie helfen, indem sie versuchen, die Bilder zu «deuten» und dadurch mehr Bewußtheit in den Vorgang zu bringen. Der alte Mensch leidet oft sehr unter dem Unverständnis der Pflegenden. Er möchte seine Situation dann verbergen, es kommen dann Äußerungen wie folgende:

«Ich würde es ja heute abend, wenn die kommen, wohl verbergen können, aber das ist ja nichts auf die Dauer.» Oder: «Man könnte ja sagen, es ist eine Illusion, aber ich bin dem ja ausgeliefert.» Wie quälend dies sein kann, zeigen folgende Sätze: «Ich bin zwischen zwei Welten, und ich hab das Gefühl, daß ich jetzt mit dir darüber sprechen kann. Aber die andere ist auch richtig. Die Schwestern wollen immer alles besser wissen. Was ich sage, ist alles falsch, und was sie sagen, ist alles richtig. Aber wenn das so bleibt, dann werd ich verrückt.»

Eine andere Frau hatte offensichtlich nicht diese Probleme mit ihrer Umgebung, erlebte den eigenen Zwischenzustand aber ähnlich:

«Ich habe vieles gesehen auf meinem Weg, und

wenn die Sonne kommt, ist alles weg. Da hab ich immer gemeint: ist alles Schwindel. Stimmt aber nicht: das ist übernatürlich. Jetzt bleibt es nämlich. Da weiß ich, daß es kein Schwindel ist.»

«Ich bin immer wieder kritisch, muß immer wieder fragen: stimmt denn auch wirklich alles, was ich erlebe? Müßten wir nicht alle diese Welt erforschen und selbständig laufen lernen?»

«Ich gehe und gehe durch Welten und erlebe so Unaussprechliches – und dann finde ich mich wieder in meinem Bett, in meiner vertrauten Umgebung. Das ist so erschütternd.»

In dem Büchlein *Ein Weg zur Selbsterkenntnis* schildert Rudolf Steiner Bilderlebnisse auf dem Weg der Geistesschulung, die den ersten Eintritt in die elementarische Welt charakterisieren können: «Es kann ein Augenblick eintreten, in dem die Seele sich innerlich ganz anders erlebt als gewöhnlich. Zumeist wird das anfangs so geschehen, daß die Seele aus dem Schlafe wie zu einem Traume sich belebt. Nur zeigt sich sogleich, daß sich das Erlebnis mit dem nicht vergleichen läßt, was man sonst als Träume kennt. Man ist dann der Sinnes- und Verstandeswelt ganz entrückt, und man erlebt doch so, wie man im gewöhnlichen Dasein nur erlebt, wenn man im wachen Zustande der Außenwelt gegenübersteht. Man fühlt sich gedrängt, das Erlebnis in sich vorzustellen. Man nimmt zu dem Vorstellen solche Begriffe, die man im gewöhnlichen Leben hat; aber man weiß sehr genau, daß man anderes erlebt, als das ist, worauf sich in normaler Art diese Begriffe beziehen. Diese betrachtet man nur als ein Ausdrucksmittel für ein Erlebnis, das man vorher nicht gehabt hat, und von dem man auch wissen kann, daß es im gewöhnlichen Dasein unmöglich ist. Man fühlt sich etwa allseitig von Gewitterstürmen umgeben. Man hört Donner und vernimmt Blitze. Man weiß sich in einem Zimmer eines Hauses. Man fühlt sich durchsetzt von einer Kraft, von welcher man vorher nichts gewußt hat. Dann vermeint man Risse um sich her in den Mauern zu sehen. Man ist veranlaßt, sich oder einer Person, die man neben sich zu haben glaubt, zu sagen: jetzt handelt es sich um Schweres; der Blitz geht durch das Haus, er erfaßt mich; ich fühle mich von ihm ergriffen. Er löst mich auf. – Wenn dann eine solche Reihe von Vorstellungen abgelaufen ist, dann geht das innere Erleben in die gewöhnliche Seelenverfassung über.»

In solchen Bildern, wie Steiner sie hier beschreibt, schafft sich das Lösen vom Leibe einen Ausdruck, die Entfremdung von der Raumeswelt, das Schwankendwerden des Festgeglaubten, das Abbröckeln der Sinneswände. Es ist ein Erlebnis, als wenn einem der Boden unter den Füßen weggezogen würde. Ähnlich ist das Erleben der Sterbenden oft schon Jahre vor dem tatsächlichen Todesereignis. So kann man verstehen wenn die Mutter sagte:

«Hier überall ist keine richtige Mauer. Da hängen Tücher runter.»

«Wo geht es denn von hier aus runter? Das ist doch so eine ganz schmale Hühnerstiege, die hier herauf geht. Ich werde wohl den Weg nicht machen können.»

«Ich möchte bloß wissen wie das hier wird, wenn es kalt ist. Die Wände sind doch so dünn, nur wie Leintücher.»

Man erlebt das Brüchigwerden des Leibes als Dünnwerden der Wände, als Entblößtwerden von allen Hüllen: «Da haben sie mir einfach das Hemd über die Ohren gezogen, und da war ich splitternackt mitten im Raum, wo alle reinsehen können.» Ähnliches hat wohl mancher schon in einem Traum erlebt.

Es trägt viel zur Lebenssicherheit bei, wenn man einen Ort hat, wo man sich zu Hause fühlt, die «eigenen vier Wände», in die man sich gern zurückzieht. Jetzt aber fängt man an, an diesen eigenen vier Wänden zu zweifeln. Man will heraus, man sehnt sich verzweifelt «nach Hause». Man wird ärgerlich, wenn die Betreuung einen immer wieder in diesen Raum zurückführt, den man nicht anerkennen kann. Irgendwie spürt man, daß man hier keine Bleibe hat, daß man sich auf den Weg machen muß, allein, in vollkommener Unsicherheit, ohne zu wissen, wohin.

«Ich muß ganz alleine gehen. Ihr geht alle von mir fort!»

«Du kannst mir ja doch nicht helfen. Ich muß den anderen Weg gehen. Ich weiß nur nicht welchen.»

Zweifel und Ängste bleiben nicht aus: «Ich werde wohl kaum dahin gehen können, weil ich mich auch fürchte, allein zu gehen.»

«Ich denke immer, was kommt nur auf mich zu, was kommt nur auf mich zu.»

Aber unaufhaltsam, unerbittlich sind weitere Schritte zu tun: «In dieser Woche habe ich schon so viel verloren. Ich meine nicht äußerlich, sondern innerlich.»

«Bis jetzt war das ja alles ein Kinderspiel. Aber jetzt wird's Ernst!»

# Der Leib als Gefängnis

Wenn ich nur wüßte, woran ich Halt finden könnte!» Das Gefühl, zu fallen, den Halt zu verlieren, keine Behausung, keine schützende Hülle um sich zu haben, ist die eine Seite des Erlebens und hängt mit der Lockerung des Leibesgefüges, mit dem Verlassen der Sicherheiten des sinnlichen Daseins, mit dem Ausgesetztwerden auf dem Ozean der ätherischen Welt zusammen. «Ich lasse mich gehn! Ich lasse mich fallen. Ich hab keinen Platz für mich, finde auch keinen!»

Man tritt aus dem Raum heraus, bald auch aus der Zeit. Viele alte Menschen können Tag und Nacht nicht mehr unterscheiden. Eine Hilfe ist da ein fest von außen gesetzter Tagesrhythmus.

Eine andere Art der Beängstigung kommt von Seiten des physischen Leibes, der einen ja noch festhält, in dem man noch gefangen ist. Auch hier hatte die alte Mutter vieles durchzustehen, traumartige Bilder voller Bedrückungen. Manchmal, wenn man fragte, erzählte sie solche Träume:

«Ich ging spazieren, und dann kam ich runter zum Bahnhof, den ich kannte, und ich ging rein, und dann war es wieder so, es war mein Haus und doch nicht mein Haus. Und ich ging rein, denn ich war nicht richtig angezogen, ich hatte gar keine Schuhe und Strümpfe an, und ich ging in den Keller. Und dann war da eine Kirche – oder ein Rathaus –, und da waren viele Leute, die redeten alle auf mich ein. Und da sollte nachmittags oder abends so eine Art Gottesdienst sein, und da dachte ich: Da kannst du auf keinen Fall mitmachen. Ich sagte, sie sollten mich nach Hause lassen, aber die haben mich nicht rausgelassen. Ich sagte: Laßt mich doch frei, ich will nicht in Gefangenschaft sein. Aber sie sagten, ich bin verrückt. – Und dann hab ich die Nacht in der Kirche geschlafen.»

Immer wieder gab es Wege voll von Hindernissen: «Da war alles unordentlich, ganz eng, wo ich mich durch die Eisengitter und die Pappschachteln durchzwängen mußte.» Und die angstvolle Frage tauchte auf, «wo ich jetzt mit nackten Füßen hingehen soll.» Man wurde erinnert an das Traumlied des Olaf Åsteson, wo der Wanderer in der jenseitigen Welt auch barfuß über die Dornenheide gehen muß, wo ihm die Kleider zerrissen werden:

> Erst ward ich außer Sinn's verzückt,
> fuhr über die Dornenheide.
> Zerrissen wurde mein Scharlachkleid
> und Nägel der Füße beide.

In einer gewissen Zeit lebte die Mutter ständig mit dem Bild, in Gefangenschaft zu sein. Mihajlo Mihajlov schrieb im Gefängnis: «Eine solche Erfahrung ist aber nicht nur für Menschen wichtig, die unter den Bedingungen äußerer Unfreiheit leben, sondern für alle, die jemals auf dieser Erde gelebt haben und noch leben werden. Es ist äußerst wichtig, sich klar zu machen, daß Gefängnis und Straflager, d.h. die durch nichts einzudämmende Willkür der Kräfte der sichtbaren Welt früher oder später jeden Menschen erwarten… Krankheiten, Katastrophen, Unglücksfälle und Tod sind nichts anderes als Verhaftung, Prozeß, Gefängnis und Straflager. Niemand kann sich diesen Dingen entziehen. Mag sein, daß diejenigen, denen die Erfahrung der Unfreiheit erspart geblieben ist, annehmen, es bestehe ein wesentlicher Unterschied zwischen dem Leben im Gefängnis und außerhalb; diejenigen aber, die in Unfreiheit gelebt haben, beginnen unwillkürlich zu begreifen, daß dieser Unterschied ganz oberflächlich und temporär ist und daß für jeden Menschen die freie Welt einmal zur Todeszelle wird.»

Äußerungen wie die folgenden sind auf diesem Hintergrund zu sehen und zu verstehen: «Ich hab ja solche Angst, daß ich in der Gefangenschaft leben muß, denn das ist eine ganz andere Welt.» – «Wir sind gefangen! Du kommst nicht mehr raus und ohne dich kann ich auch nicht.» – «Es wird wohl vorne schon zu sein. Wenn du klingelst, ist es das Ende. Dann werden wir getrennt.» – «Ich hab mir schon gedacht, daß ich ihr Geld geben will, damit sie mich freiläßt.» – «Warum ist denn hier alles gesperrt?» Oder sogar: «Weißt du nicht, daß mich die Polizei geholt hat?» Eine erstaunliche Bemerkung für einen Menschen, der niemals in seinem Leben mit der Polizei zu tun hatte.

Mit solchen Erlebnissen müssen panische Ängste verbunden sein. «Ich hab solche Angst. Wer kann mich denn nur hier herausheben?» – «Da steht's ja geschrieben in den Schatten: Angst und Bangigkeit! Ihr seht das wohl nicht.»

Die Fesselung an den physischen Leib mit all seinen Unzulänglichkeiten und Gebrechen bringt es mit sich, daß man immer mehr auf Hilfe von anderen angewiesen ist. Schon das allein ist quälend. Schließlich ist man kein Kind, das es nicht anders kennt. Man ist, so weit man denken kann, ein selbständiger Mensch gewesen. Vieles würde man viel lieber selber tun. Es ist einem peinlich, sich bei intimen Dingen von Fremden bedienen zu lassen. Man schämt sich wohl auch, daß man in diesem Zustand ist. Was Wunder, daß die Hilfe nicht immer dankbar und freundlich entgegengenommen wird, daß man sich wehrt, daß man widerspenstig ist. Das ist für die Helfer nicht immer leicht. Sie sind voll guten Willens, ihr Bestes zu tun, und werden dafür beschimpft. Es kann für sie hilfreich sein, sich die innere Situation der alten Menschen einmal recht konkret vorzustellen. Es gibt im Evangelium eine Szene, wo Jesus zu Petrus sagt: «Da du jung warst, gürtetest du dich selbst und gingst, wohin du wolltest; wenn du aber alt wirst, wirst du deine Hände ausstrecken, und ein anderer wird dich gürten und führen, wohin du nicht willst.»

«Wo willst du denn hin?» wurde die Mutter gefragt, als sie zur Tür hinausgehen wollte.

«Wo die Freiheit ist», war die Antwort.

# Masken

Manche Erlebnisse im Vorfeld des Todes erschließen sich leicht dem Verständnis suchenden Blick, manche hingegen sind schwer zu deuten. Es schieben sich trügerische Welten herein und mischen sich mit dem gewohnten Tagesbewußtsein. Bilder tauchen auf, maskenhafte Wesenheiten, die aus der eigenen Seelensubstanz gebildet wurden und in irgendeiner Weise bewältigt werden wollen.

Was wollten wohl die vielen seltsamen «Kinder» in der Krankenstube der Mutter? Es war zu Beginn der Zeit der vollen Pflegebedürftigkeit in einer Situation, in der sie sich nicht glücklich, nicht wohl umgeben, nicht «bemuttert» fühlte. Sie erzählte von diesen Wesen manchmal freiwillig, manchmal auf Nachfrage. Zunächst sprach sie von einer Art von geschnitzten Figuren mit schwarzen oder roten Kappen auf dem Kopf und verzerrten Gesichtern. Sie standen überall auf Regalen herum. «Siehst du die denn nicht?» – «Nein.» – «Dann mußt du aber schlecht sehen!»

Später wunderte sie sich darüber, woher die vielen Kinder kämen. Sie waren alle nackt, und sie schienen ihr «nicht ganz normal» zu sein. Manchmal schilderte sie sie als schwarz oder braun. Sie hatten die Augen geschlossen oder mit Pflaster verklebt. Auch stumm schienen sie zu sein und seltsam ausdruckslos. Manchmal aber waren sie auch fleckig im Gesicht oder in grellen Farben bemalt wie vorher die «Figuren». Es wurden immer mehr, sie füllten in beängstigender Weise den Raum. Es waren auch gelegentlich Erwachsene dabei. Aber alle sahen schrecklich aus. Nur selten schilderte sie konkrete Szenen, zum Beispiel: «Die haben da nebenan was aufgestellt für den Mittagsschlaf für die Kinder. Die sehen aus wie tot.»

Zwischendurch gab es auch wohl einmal ein freundlicheres Bild: «Du, was ist denn das für ein Jungchen, das sich in deine Arme hängt?»

Auf die Frage, wo all diese Wesen wohl herkämen, meinte sie: «Die ziehe ich ja an!»

Nach einer Änderung der gesamten äußeren Situation, der Aufnahme in familiäre Geborgenheit, waren diese Wesen sofort spurlos verschwunden und tauchten auch niemals wieder auf.

# Eins mit der Umwelt

Ein Morgen in der Einsamkeit griechischer Natur, wie er nicht schöner sein könnte. Es ist Frühling. Der Gesang von Amseln, Meisen, Grasmücken und manchmal sogar einer Nachtigall durchklingt die Luft. Unten im Tälchen rauscht der Bach. Dort stehen die Platanen im ersten lichten Grün. Den Hang hinauf ziehen sich Olivenbäume, in denen ein leichter Wind spielt. Hier oben ist alles bunt von Blumen. Durchdrungen von Wärme, umstrahlt von Licht verschmelzen Mensch und Natur zur Lebenseinheit. Man spürt, wie die Seele nicht mehr eingesperrt ist in ihr enges Gehäuse, wie die Empfindung sich weitet und ausspannt über das ganze Tal bis hinauf zum Ätherblau des Himmels.

Wahrscheinlich stellt man sich den Ort, an dem sich eine Menschenseele befindet, auch sonst immer zu klein und eng vor. Durchdringen wir uns nicht alle gegenseitig? Leben wir nicht seelisch großenteils ineinander? Wie oft kommt es doch vor, daß einer ausspricht, was der andere denkt, besonders bei seelisch uns Nahestehenden. Aber auch Kinder und alte Menschen haben hier eine große Sensibilität. Es war sehr auffallend, wie sehr die alte Mutter sich identisch fühlte mit ihrer Umgebung, ein feiner Anzeiger für alle Stimmungen. Und das auch oder sogar besonders in der Zeit, als sie äußerlich fast immer zu schlafen schien.

Dies konnte bis zum Kuriosen gehen. Eines Morgens früh fiel mir ein, daß ich noch eine dringende Postkarte nach Berlin schreiben müsse. Ich erledigte dies und kam dann zum Bett der Mutter, die mich mit den Worten empfing: «Ich muß noch nach Berlin schreiben!» – Einmal wollte sie unbedingt heiße Umschläge haben, als ein Familienmitglied über Zahnschmerzen klagte. Und sie fühlte sich überanstrengt, als jemand in ihrem Zimmer die Fenster putzte. «Den ganzen Vormittag muß ich Fenster putzen! Das ist zu viel für mich.»

Nein, ein alter Mensch nimmt mehr Raum ein als ein Plätzchen im Sessel. Er füllt das ganze Haus. Und wie ein feines Instrument registriert er Eintracht und liebevolle Gesinnung, aber auch Spannungen und Disharmonien in der Umgebung. Man glaube nur nicht, wenn der Bewußtseinszustand sich herabdämpft und die Augen fast ständig geschlossen sind, daß nichts mehr wahrgenommen wird. Plötzlich beweist eine hellwache Äußerung, daß alles miterlebt wurde. Allerdings, so kann man

45

wohl sagen, ist es weniger eine Wahrnehmung von außen als von innen. Die Grenzen von Innen- und Außenwelt verschwimmen. Man fühlt sich ein, wird identisch mit den Menschen, die einen umgeben. So ist auch der Stoßseufzer zu verstehen: «Wann kann ich denn endlich mal wieder mein eigenes Leben führen?» – «Ja, was für ein Leben führst du denn jetzt?» – «Deins.» – Man verliert also nicht nur den Halt am Raum und an der Zeit, sondern sogar an sich selbst und seinem abgeschlossenen Seelenleben.

Dies findet besonders dann statt, wenn eine innige, liebevolle Beziehung besteht zwischen einem Menschen, der gepflegt wird, und einem anderen, der ihn pflegt. Rudolf Steiner berichtet in einem Vortrag (vom 16. Juni 1923) von einem solchen Fall. Hier ist es eine Tochter, die von ihrer Mutter gepflegt wird. «Der Tochter ist es sehr, sehr angenehm, daß sie von der Mutter gepflegt wird. Sie fühlt die Liebe der Mutter. In einem solchen Moment, wo einer so stark die Liebe des andern fühlt und noch dazu sehr schwach ist, da tritt das Merkwürdige ein, daß er nicht mehr mit seinem eigenen Astralleib denkt. Der wird dumpf, und der Astralleib des andern gewinnt Macht über den eigenen Astralleib. Dann kommt es sogar vor, daß man mit dem Denken des andern, der neben einem ist, zu denken beginnt. Nun ist also das so gewesen, daß, während die Mutter noch die Tochter gepflegt hat, sich dieses Gefühl, das sich da entwickelt hat, so auf die Tochter übertragen hat, daß die Tochter ganz so gefühlt und gedacht hat wie ihre Mutter.»

Für denjenigen, der stärker ist, der also die «Macht» hat, liegt hier ein große Verantwortung. Einerseits braucht der andere nicht nur körperlich, sondern auch seelisch die Stütze, andererseits sollte er bei aller Liebe doch so viel Freiraum haben wie möglich ist. Man muß sich also auch innerlich zurücknehmen können.

Wiederum darf man nicht annehmen, daß ein kranker, alter, behinderter Mensch nur schwach ist. Bei aller Ohnmacht geht eine starke Wirksamkeit von ihm aus. Schon die Hilfsbedürftigkeit bewirkt, daß die Mitbewohner nicht einfach nur beliebig ihren Interessen nachgehen können. Wenn man fortgeht, verläßt man nicht einfach ein Haus, sondern ein Haus mit einer Großmutter. Das bindet die Hausgemeinschaft zusammen. Vielleicht werden sogar Nachbarn einbezogen. Es gibt aller Gemeinsamkeit eine gewisse Dringlichkeit und Intensität. Der alte Mensch kann als die Seele des Hauses empfunden und zum sozialen Mittelpunkt der Familie werden. Der Lebensorganismus der Familie wird durch die gemeinsame Aufgabe zusammengehalten. Die «Belastung» durch einen pflegebedürftigen Menschen, die Forderung, die von ihm ausgeht, ist eine wichtige Hilfe für die Pflege menschlicher Gemeinsamkeit.

Bei einem alten Menschen, den man auch früher gekannt hat, läuft nun allerdings parallel das schmerzliche Erleben, daß er als Partner mehr und mehr entgleitet, immer weniger unmittelbar ansprechbar ist. Lebensinhalte, die nicht früher erzählt wurden, kann man nun nicht mehr erfahren. Dieser Zustand kann ganz kurz sein, oder aber auch sehr lange dauern. Das ist die Zeit, in der die alten Freunde sich allmählich zurückziehen. Eine Zeitlang können auch hier andere Ersatz schaffen, wie zum Beispiel ein Sohn, der, neben der alten Mutter sitzend, das Gespräch mit einer Freundin der Mutter führte, die zu Besuch gekommen war. Die Mutter saß teilnahmslos dabei. Als dann die Freundin gegangen war, sagte sie hellwach zu ihrem Sohn: «Du hast mich gut vertreten!»

Bis zuletzt bildet die Körperpflege ein starkes Band zwischen Menschen. Dieses Band ruht aber sehr tief in der Sphäre des Unbewußten. Da kann die Frage auftauchen: Wie kann man noch das Seelische eines Menschen unmittelbar ansprechen, wenn kein Gespräch mehr möglich ist? Was für Mitteilungen können noch durchdringen?

Eine gewisse Zeit kann man mit Vorlesen Freude bereiten. Es ist aber gar nicht leicht, den richtigen Lesestoff zu finden. Es darf nicht intellektuell zu anspruchsvoll sein, aber leichte Lektüre nur zur Unterhaltung kann auch ungeduldig machen: Zeitverschwendung! Wie ist es mit Biographien? Auch dies ist in einer gewissen Zeitspanne möglich, aber dann wird auf einmal deutlich, daß dieser Stoff nicht mehr geeignet ist: Die Zuhörende kann sich von dem Gehörten nicht unterscheiden, sieht nicht ihren Bezug dazu.

Oberflächliche Inhalte konnten nicht mehr durchdringen. «Viele Worte, die im Physischen gesprochen werden, kommen nicht bis zu mir.» Was aber immer noch zu ihr kam, waren Sprüche oder rhythmische Prosa. Der Sprachrhythmus dringt tiefer ein als irgendein Begriffliches. Hier gewinnt das kultische Wort, die kultische Handlung eine ganz neue Bedeutung. Man kann erleben, was für eine wesentliche Hilfe die Krankenkommunion sein kann. Von den drei Lebensgebieten Wissenschaft, Kunst und Religion ist die Religion diejenige Kraft, die den Menschen am längsten auf seinem Lebensweg begleitet.

Wir fingen an, abends jeweils ein Stück aus der Bibel vorzulesen, was offensichtlich gern gehört wurde und auch einmal zu der Bemerkung Anlaß gab: «Und vielen Dank auch für die schönen Predigten, die du mir immer abends gehalten hast.»

Eine erstaunliche Feststellung war, daß auch der Humor bis zuletzt erhalten blieb. Heitere Gespräche

in ihrer Gegenwart wurden offensichtlich wahrgenommen bis zu unerwarteten humoristischen
Kommentaren oder einem plötzlichen Lachen über
einen Witz. Es war sicher wohltuend, auch solche
Stunden in einem vertrauten Menschenkreis mitmachen zu können. Gelegentlich kam es ihr zum
Bewußtsein: «Das war schön, daß ich heute abend
noch etwas Fröhliches erleben konnte, denn ich bin
doch oft recht niedergedrückt, wenn ich unter der
Fuchtel von diesem Teufel bin!»

# Seelenreinigung

Ich schaue in die Finsternis:
In ihr ersteht Licht,
Lebendes Licht.
Wer ist dies Licht in der Finsternis?
Ich bin es selbst in meiner Wirklichkeit.
Diese Wirklichkeit des Ich
Tritt nicht ein in mein Erdendasein.
Ich bin nur Bild davon.
Ich werde es aber wiederfinden,
Wenn ich,
Guten Willens für den Geist,
Durch des Todes Pforte gegangen.

*Rudolf Steiner*

Ja, die «Fuchtel von dem Teufel» war wohl oft recht
spürbar, auch dies eine Ursache für Beklemmungen
und Ängste.

Nach dem Tode sieht die Seele sich mit den Feh-
lern ihres Lebens konfrontiert, der alte christliche
Glaube nannte es Fegefeuer, die indische Weisheit
Kamaloka. Ehe sie sich nicht gereinigt hat, nicht

durch das Läuterungsfeuer gegangen ist, kann sie nicht in das reine Leben der geistigen Welt aufgenommen werden. Noch einmal wandert sie rückwärts durch ihr Leben. Ihre Abirrungen und Schwächen treten vor sie hin. Schmerzvoll erlebt sie, was sie andern schuldig geblieben ist, was sie hätte besser machen können. Während des irdischen Daseins ließ sich all dies immer wieder überspielen. Im hellen Lichte des Geistes steht es plötzlich in aller Deutlichkeit da: Die Weltgesetzmäßigkeiten sind moralischer Natur; sich mit ihnen auseinanderzusetzen ist Gericht.

Wenn der Mensch ein hohes Alter erreicht und lange Zeit schon mit einem Fuß im Jenseits steht, kann wohl manches schon zu Lebzeiten vorweggenommen werden, womit andere nach dem Tode konfrontiert werden. Daß man eigentlich selbst der Teufel ist, der einen quält, ist im Grunde genommen auch klar.

Auf die Frage: «Wovor fürchtest du dich denn?» kam die prompte Antwort: «Vor mir selbst!» Viele Äußerungen zeugten von einem stark moralisch gefärbten Erleben, das aus dem unmittelbaren Tagesleben nicht verständlich war. Allenfalls hatten einen solchen Bezug noch Bemerkungen wie: «Ich hab was Häßliches gesagt. Dafür bitt ich dich um Verzeihung.» Nicht aber bruchstückhafte Äußerungen, die immer wieder ganz unvermittelt herauskamen:

«Sack und Asche und alles, was man hier lernen muß…»

«O Mutter, Mutter! Meine Fehler sind die und die.» Dies wurde wörtlich so gesagt.

«Kannst du mir die Adresse geben?» – «Von wem denn?» – «Von dem, dem ich Unrecht getan habe. Ich will ja gern meine Schuld bekennen.»

«Wir können doch nicht zufrieden sein. Wir haben doch Schulden auf uns geladen.»

Manchmal kamen solche Sätze gleich morgens als erstes nach dem Aufwachen:

«Ich hab so ein schlechtes Gewissen.»

«Ich muß mich ja so schämen.»

«Ich hab doch viel versäumt.»

«Was sagst du zu dem Unglück, das ich verbrochen habe?»

Das Moralische kann sich nicht nur als Schuldbewußtsein äußern, sondern auch als Wille zu helfen, zum Beispiel: «Wir könnten verschiedenen Leuten helfen…» Was nun folgte, war leider nicht mehr verständlich. Manche Menschen erleben gerade diese Seite, die Notwendigkeit des Helfens, besonders intensiv und bewußt. So war es bei einer anderen alten Frau: «Wir müssen einander helfen. Sonst können wir nicht leben.» – «Helft einander! Helfen – das ist das Größte, was wir tun können.»

Der Philosoph Schelling schreibt in seinem philosophischen Gespräch *Clara oder Über den Zusam-*

*menhang der Natur mit der Geisterwelt*, das er unmittelbar nach dem Tode seiner über alles geliebten Frau schrieb, erstaunlich klar und folgerichtig über diesen nachtodlichen Zwischenzustand der Seelenreinigung:

«Denn nur wenige gehen hinüber so rein und befreit von aller Liebe zu dem Irdischen, daß sie sogleich losgesprochen werden können und in den obersten Ort gelangen. Selbst die aber, bei welchen nie ein böser Wille einwurzelte, sondern der ursprüngliche Keim des Guten zwar oft unter den Dornen der Welt verborgen und in der Entwicklung gehemmt, aber doch nie versehrt oder ganz vernichtet worden, gehen noch mit so viel Eitelkeit, falscher Meinung, Einbildung und anderem Unlauteren beschwert hinüber, daß sie unmöglich gleich zur Gemeinschaft der Heiligen, vollkommen Seligen und Gesunden gelangen können, sondern erst durch gar viele, die einen jedoch durch mehr, die andern durch weniger Läuterungen hindurchgehen und eine kürzere oder längere Zeit, je nachdem sie geartet sind, auf diesem Wege zubringen müssen. Und gewiß nicht ohne Schmerzen kann eine solche Reinigung vor sich gehen.»

Diese Schmerzen hängen zusammen mit dem Austilgen jeglicher Illusionen über die eigene Vorzüglichkeit, dem Durchgang durch jede Art von Zweifeln bis hin zum Gefühl absoluter Nichtigkeit.

In einem Gespräch mit der Mutter über das Sterben wurde gesagt, daß das Hinübergehen in den anderen Daseinszustand auch gut sein könne. Darauf kam prompt die Antwort: «Ja, wenn man sich nicht selbst auslöscht. – Dann hat man ja das zu tragen, was man verschuldet hat.»

Immer wieder konnte man feststellen, daß in einem Zustand, der gern als «verwirrt» bezeichnet wird, die Worte, die gesprochen wurden, von äußerster Wahrhaftigkeit und kompromißloser Gewissenhaftigkeit zeugten. Man merkte das auch daran, wie manchmal etwas Gesagtes verbessert wurde. Darum darf man auch andere Sätze, die von geleisteter Überwindung zeugen, in voller Gewichtigkeit nehmen:

«Liebe, Liebe, Liebe – ich werd immer froher!» Und dann, nachdenklich: «Es hat sich mir doch manches schon offenbart.»

# Rückkehr in die Kindheit

Wenn die Buschmänner im Innern Afrikas spüren, daß ihr Tod sich nähert, kehren sie an den Ort ihrer Geburt zurück. Oft müssen sie Hunderte von Kilometern wandern, um dorthin zu gelangen: Sie sind überzeugt davon, daß sie nur dort, wo sie ins Leben hereingetreten sind, auch wieder hinauskönnen.

Dieses Bedürfnis kann wohl jeder alte Mensch, auch in unserer Zivilisation, nachfühlen. Äußerlich ausführen läßt sich die Rückkehr aber meist nicht. So macht man sich innerlich auf die Wanderschaft und kehrt in die Kindheit zurück.

Das kann sich so äußern, daß Großväter oder Großmütter stundenlang aus ihren Kinderjahren erzählen können. Sie erinnern sich plötzlich an Einzelheiten, die sie früher längst vergessen hatten. Es taucht hier eine andere Art von Gedächtnis auf als das gewohnte, dessen Verlust im Verlauf des Älterwerdens ja meist mindestens von der Lebensmitte an beklagt wird.

Gedächtnisschwund kann auch auf dem Weg der Geistesschulung zu höherer Erkenntnis auftreten. Rudolf Steiner meint, daß hier kein Grund zur Klage vorhanden sei. Er gibt die Methode an, sich ein neues, bildhaftes Gedächtnis anzuerziehen. Dieses hat in der Tat eine ganz andere Qualität als das abstrakt intellektuelle, mit dem in unseren Schulen gearbeitet wird.

Bildhaft ist auch das Langzeitgedächtnis der alten Menschen. Die Bilder aus der Kindheit tauchen einfach auf, ungerufen. Sie können schließlich so intensiv sein, daß man ganz hineinschlüpft, sich als Kind fühlt. Eine Sterbende sprach davon, daß sie im Sandkasten spielte. Es wird nach der Mutter gerufen, nach den Geschwistern, nach einer Jugendfreundin. Oft wird in der letzten Zeit eine merkwürdig zusammengerollte Lage bevorzugt, säuglingshaft, fast embryonal. Einmal war die Tochter sehr erschüttert, als an einem Tag voller Leiden nur der einzige Satz verständlich war: «Ich will auf deinen Arm!»

Doch nicht nur der Inhalt der Bilder, mit und in denen der alte Mensch lebt, deutet auf diese Rückkehr in die Kindheit. Ebenso die Tatsache, daß überhaupt bildhaft erlebt wird und nicht abstrakt. Dies hat seine Parallele in den Kindheitsjahren in dem Alter, wenn die Kinder die Weltenweisheiten in Märchenform aufzunehmen veranlagt sind.

Elisabeth Kübler-Ross, die bekannte Sterbeforscherin, macht auf die Symbolsprache der Sterbenden aufmerksam. Sie hat die Erfahrung gemacht, daß viele Sterbende durchaus von ihrem Tod, sogar vom Zeitpunkt ihres Todes sprechen möchten, aber nicht plump wörtlich, sondern bildhaft verschlüsselt. So werden sie oft nicht verstanden.

Sie berichtet zum Beispiel von einem alten Mann, der ihr seinen Stock schenken wollte. Sie nahm dies zunächst nicht wichtig. Erst als sie ihn kurz darauf tot auffand, wurde ihr klar, was er mit seinem Angebot hatte ausdrücken wollen. Ohne seinen Stock konnte er sich nämlich überhaupt nicht fortbewegen. Wenn er ihn verschenken wollte, so hieß das, daß er ihn nicht mehr brauchte. Sie bedauerte später, daß sie nicht geistesgegenwärtiger gewesen war, daß sie sich nicht zu ihm gesetzt und gesagt hatte: «Du brauchst deinen Stock nicht mehr, nicht wahr?» Dann hätte er verneint, und man hätte über das sprechen können, was ihn beschäftigte.

Alte Menschen spüren es meist deutlich, ob der Tod sich bereits in unmittelbarer Nähe oder noch in weiter Ferne befindet. Dies wurde deutlich, als die Mutter aus einem Buch von Elisabeth Kübler-Ross vorgelesen bekam. Sie sagte dazu: «Das liegt mir alles so fern. Sicher dauert das bei mir noch sehr lang.» Dies war viereinhalb Jahre vor ihrem Tode. Etwas später kam etwas ähnliches: «Ich dank dir auch vielmals für die große Mühe, die du mit mir hast. Ich glaub, das dauert noch lange.»

Bei Elisabeth Kübler-Ross finden sich mehrere Beispiele, wo das Verlassen der Erdenwelt im Bilde einer Fahrt mit der Eisenbahn dargestellt wird. Ein Patient erzählte ihr:

«Sie werden es mir nicht glauben, was in der letzten Nacht geschehen ist. Ich habe einen großen Kampf durchgemacht. Ein großer Zug fuhr mit hoher Geschwindigkeit einen Hügel hinunter, und ich hatte mit dem Zugführer einen großen Kampf und Streit. Ich verlangte, daß er den Zug ein paar Millimeter vorher anhielt! Verstehen Sie, wovon ich rede?»

Ein Jahr vor ihrem Tode hatte die Mutter eine fieberhafte Bronchitis, und es ging ihr recht schlecht. Dennoch meinte sie: «Ich hab den Zug verpaßt. Die sind ja so böse auf mich!» – «Wer denn?» – «Alle». Ein paar Tage später stellte sie fest: «Ich fahr noch bis zur nächsten Haltestelle.» Sie empfand aber doch, daß sie nach dieser Krankheit erheblich schwächer geworden war, und klagte: «Ich will wegreisen!» Als später einmal die Rede davon war, daß wir es ja trotz allem recht gut hätten, sagte sie: «Ja. – Aber ich kann nicht im Zug bleiben.»

Allmählich wurde das Dasein immer qualvoller: «Ich kann doch hier nicht immer sitzenbleiben und warten, bis die Frau stirbt.» Hier ist deutlich, wie das Bewußtsein auf zwei Ebenen zugleich sein kann. Es folgte die traurige Feststellung: «Ich werd nicht abgeholt.» Auf die Bemerkung: «Du bist wohl bestellt und nicht abgeholt?» mußte sie dann doch lachen. Es dauerte hiernach noch sieben Monate, bis sie wirklich «abgeholt» wurde.

Man kommt, wenn man die hier besprochene Rückkehr des alten Menschen in die Kindheit bedenkt, immer mehr zu der Vorstellung von Zeitenkreisen. Nicht linear verlaufen die Linien des Lebens, sondern kreisförmig, oder besser noch, in aufsteigenden Spiralen. Die Lebenskreise schieben sich ineinander. Man wächst von einem in den andern. So ist es auch mit den Menschenkreisen, durch die man hindurchwächst. Ein kleines Kind braucht die ältere Generation zur Pflege und Leitung, sein Wohl und Wehe ist davon abhängig. Dann kommen die Schulkameraden, Studienfreunde, Berufskollegen, Menschen, denen man auf der gleichen Ebene, durch gemeinsame Tätigkeit verbunden ist. Auch jede Ortsveränderung bringt wieder einen neuen Menschenkreis. Je älter man wird, desto mehr Umgang hat man mit Jüngeren, mit den eigenen Kindern und deren Freunden, mit Schülern, Studenten, die von einem lernen möchten, von denen man aber auch vieles lernen kann und muß, wenn man nicht hinter der Zeit zurückbleiben will. Man muß erleben, wie einige oder viele der gleichaltrigen Freunde vor einem über die Todesschwelle gehen.

Am Ende kann dann wieder wie in der ersten Kindheit ein durch die Notwendigkeit der Pflege bedingtes Abhängigkeitsverhältnis entstehen. Dadurch bildet sich nochmals ein ganz neuer Menschenkreis von Helfern, Schwestern, Ärzten, die alle jünger sind. Man wird versorgt von seinen Kindern und Enkeln oder solchen, die es sein könnten. So schließt sich der Ring des Lebens.

«Es war einmal eine Großmutter mit ihrer Enkelin. Als das Enkelchen noch klein war, schlief es fast immer, und die Großmutter buk das Brot und fegte die Hütte rein. Sie wusch, nähte, spann und webte für das Enkelkind.

Nach vielen Jahren, als die Großmutter alt geworden war, konnte sie nicht mehr arbeiten, sondern sie legte sich auf den Ofenplatz und schlief sehr viel. Die Enkelin aber buk das Brot, wusch, nähte, spann und webte für die Großmutter.»

Das erzählt Leo Tolstoi.

Ob nicht eine solche kleine Geschichte, wenn sie sich in der Kindheit eingeprägt hat, helfen kann, dem Verhältnis von Enkelinnen zu Großmüttern, und im weiteren Sinne von Jugendlichen zu alten Menschen, Inhalt und Wärme zu verleihen?

# Engelhände

In einem Brief an einen schwerkranken Freund schreibt Rudolf Steiner: «Und nun helfen Ihnen Engelhände, diesen Leib allmählich wirklich seiner Festigkeit und Härte zu entkleiden.

Das tut weh, sehr weh, und Sie haben gewiß oft mehr das Empfinden einer Strafe als einer Hilfe, und doch ist es das letztere. Was Sie jetzt an Schmerzen durchleiden und in Geduld umwandeln können, das gibt Ihnen Schwungkraft für ein Dasein, wo Sie diese dankbarst brauchen werden.

Möge es Ihnen gelingen, durch die Wolken, die manchmal die Schmerzen vor Ihr inneres Auge legen wollen, hindurchzublicken auf das ernst-gütige Antlitz des göttlichen Schicksalsgestalters, der Ihr Schicksal, Ihr Leben und auch Ihr Leiden in seinen liebevollen Händen trägt, und sorgsam nur so viel Schmerz Ihnen auferlegt, daß Sie ihn gerade noch tragen können. Er schenkt Ihnen auch die Kraft, nie an ihm irre zu werden.»

Immer wenn eine Menschenseele die Erde verläßt,

tut sie dies im Geleit und unter dem Schutz ihres himmlischen Wächters, ihres Engelwesens. Solange der Mensch im vollen Besitz seines irdischen Ich-Bewußtseins ist, tritt dieses Wesen zurück. Der Mensch trägt dann selbst die Verantwortung für sein Handeln. In der Kindheit, bevor er sich fest in seinen Leibeshüllen verankert hat, oder im Alter, wenn er sich wiederum aus diesen löst, ist er schutzbedürftig. Dafür lebt er in unmittelbarer Beziehung zur geistigen Welt, im Schatten von Engelsflügeln, so wie es ja auch bei jedem Menschen nachts im Schlafe der Fall ist.

> O Michael über den Engeln
> und den Gerechten des Himmels,
> verwahre du mir meine Seele
> mit einem Schatten deiner Flügel,
> verwahre du mir meine Seele
> auf Erden wie auch im Himmel;
>
> vor allen Feinden auf dieser Erde,
> vor allen Feinden unter dieser Erde,
> vor allen Feinden in der Verborgenheit.
> Umkreise mir und bewahre mir
> mit deinem Flügel meine Seele,
> mit einem Schatten deiner Flügel
> meine Seele!

Dieses altirische Gebet zeigt, wie man früher den Beistand dieser Engelwesen herabgebeten hat. Man kann das auch heute noch, für sich selbst oder für jemand anders, für dessen Wohlergehen man sich verantwortlich fühlt. Man kann den Engel darum bitten, zu helfen, daß man diesem Menschen helfen darf. Denn die Engel brauchen irdische Mitarbeiter. Wenn ein Mensch nicht mehr selbst seinen Körper beherrschen und pflegen kann, so muß ein anderer es für ihn tun. Es können viele dabei helfen, aber es muß einer vor andern da sein, dem der Kranke sein Vertrauen geschenkt hat, auf den er sich verlassen und äußerlich wie innerlich abstützen kann. In der Pädagogik verwendet man dafür den etwas kühlen Ausdruck «Bezugsperson». Man kann auch sagen, es ist eine Art Patenamt. Ein Pate ist ein Wächter und Schützer, aber ein solcher, der dies nicht aus Naturgegebenheiten heraus tut wie die Eltern, sondern aus freiem Willen.

Das Schöne ist, daß dieses Sich-Beschützen im Leben auf Gegenseitigkeit beruht. Es gibt Zeiten, in denen man anderen Schutz geben kann, und andere, in denen man schutzbedürftig ist. Ja, es ist sogar so, daß, während man jemanden beschützt, man auf einer anderen, höheren Ebene auch von diesem beschützt wird. Man ist ineinander verwoben, geht miteinander einen Weg.

Oft ahnen die alten Menschen dies und äußern es auch: «Ich bin so froh, daß du mit mir gehst!» – «Wo gehst du denn hin?» – «Nirgendwohin als über uns hinaus. Ich bin dir nicht im Weg, das mußt du nicht glauben.»

«Auf der einen Seite bin ich stärker als du und dann wieder schwächer. Und du bist stärker als ich und auch wieder schwächer – wie ein Schützeramt. – Wir dürfen uns nicht auseinanderbringen lassen.»

Ein solches Verhältnis kann nicht mit dem Tode plötzlich zu Ende sein. Zunächst braucht der Leib, wenn der Tod eingetreten ist, noch eine letzte fürsorgende Zuwendung. Noch einmal wird er versorgt und gepflegt. Man bedeckt ihn mit Blumen wie eine Frühlingswiese. Dann entschwindet er dem Blick, und die Suche nach dem geliebten Menschen kann sich an keinem Punkt in der Sinneswelt mehr festmachen.

Es gibt Erinnerungen. Man kann sie rufen. Sie geben einen gewissen Halt in der Unbestimmtheit, weisen in eine Richtung. Es ist gut, sich Szenen zu vergegenwärtigen, die man mit dem Verstorbenen erlebt hat bis in die Art der Handbewegungen, den Klang der Stimme. Man bemerkt bei diesen Bemühungen aber auch, daß man mit seinen Erinnerungen an ein Ende kommen kann, daß die Gefahr besteht, sich auf bestimmte Bilder zu fixieren. Noch stärker ist dies der Fall, wenn man Fotografien besitzt, an denen die Erinnerung sich wie festklammert. Vielleicht hat man persönlich ein Foto besonders gern. Aber ist es dasjenige, das für den Verstorbenen am meisten charakteristisch war? Welches der verschiedenen Bilder hat überhaupt nach dem Tode noch Gültigkeit? In welchem Lebensalter war der Mensch am meisten «er selbst»?

Die eine Beziehung suchenden Gebärden gehen zunächst ins Leere. Der Verstorbene ist nicht hier, der Leib ist nicht mehr greifbar, die Seele ist überall. Wo ist überall?

Während man noch auf der Suche nach äußeren Vorstellungen ist, taucht vielleicht auf einmal von innen ein Bild auf, das man als zutreffend empfindet. Ist es wahr, daß die Toten mitten in uns sind? Ein Verstorbener erscheint uns vielleicht als zarte Lichtgestalt, die alle Handlungen beleuchtet, von denen man weiß, daß er sie mit Interesse begleitet hätte. Man erlebt diese Handlungen wie unter seinem Schutz stehend.

Sucht man nun einen anderen Verstorbenen durch ein ähnliches Bild, so kann es möglich sein, daß man ihn nicht findet. Man löscht das Bild und tastet weiter. Auf einmal taucht in einem rötlichen Schimmer eine Art Rosenknospe auf, und es ist, als ob der Verstorbene spräche: «So darfst du mich vorstellen. Ich bin keine gewaltige Lichtgestalt. Ich bin doch noch klein. Ich muß in die neue Welt erst hineinwachsen. Die Blütenblätter, von denen du mich umgeben siehst, sind Engelhände. Und alles, was du mir an liebevollen Gedanken zuschickst, verstärkt ihre schützende Kraft. Das ist es, was du für mich tun kannst.»

Gedanken zu einem lieben Verstorbenen in die geistige Welt senden –, man kann dabei eine Stütze finden durch einen Spruch, ein Gebet zum Beispiel:

> Es strebe zu dir meiner Seele Liebe,
> es ströme zu dir meiner Liebe Sinn.
> Sie sollen dich tragen,
> sie sollen dich halten
> in Liebesphären.     *Rudolf Steiner*

Mit einem solchen Bild, in einem solchen Bemühen kann man eine ganze Zeitlang leben. Das heißt nicht, daß man immer dabei bleiben darf. Man muß dem Bild die Möglichkeit geben, sich zu ändern. Die Knospe wird ja wachsen, sie wird sich entfalten. Auch in der geistigen Welt werden Metamorphosen durchgemacht.

So ist jeder Tod eines lieben Mensch ein Aufruf, ein Appell an die Zurückgebliebenen, ihrem Denken und Tun eine neue Dimension hinzuzufügen, die irdische Beschränktheit abzustreifen und mit immer größerem Ernst, mit immer größerer Einfühlsamkeit den Weg in die geistige Welt zu gehen versuchen. Dann werden wir mehr und mehr so erleben können wie eine sterbende Frau, die aussprach: «Wie ist es schön, zu Gott zu kommen. Auch wenn's weh tut!»

# In lichten Höhen

Das Wandern in Griechenland führt immer
wieder zu den Überresten vergangener Kultu-
ren. Zwischen Wiesen voll von leuchtend rotem
Mohn liegen Trümmer und werden von Touristen
bewundert, für Touristen erhalten. Auch in einsamen Gegenden ist die Schönheit der Natur vom
Hauch der Vergänglichkeit durchzogen. Wie blühte
dies Land, als die vielen Terrassen an den Berg-
hängen noch bepflanzt und gepflegt wurden! Habe
ich nicht sogar gelesen, daß es in alter Zeit auf diesen dürren Hügeln Wälder gab, in denen die großen
Heroen des Altertums wilde Tiere jagten? Und lag
nicht dort, wo die Landschaft jetzt durch ein riesiges
Industriegebiet entstellt ist, eingebettet zwischen
Kornfeldern der Ort des heiligsten Mysteriums von
Eleusis? Hier soll Demeter, die große Göttin, geses-
sen haben, als sie den Verlust ihrer geliebten Tochter,
der jungfräulichen Persephone, beklagte. Persephone, in der uns der Mythos ein Bild der menschlichen
Seele gibt, war von Hades, dem Gott der Unterwelt,

geraubt worden. Der Tod hatte sich mit der Seele vermählt. Erst von dem Zeitpunkt an, der durch dieses Bild charakterisiert wird, wurde der Mensch ganz irdisch, das heißt ganz von den Kräften des Todes durchsetzt.

Demeter aber, die Mutter, als sie dies erleben mußte, setzte sich trauernd auf einen Stein vor dem Palast des Königs von Eleusis. In ihrem Schmerz ließ sie ihre Gestalt verkümmern, verhüllte sich, sodaß niemand sie erkennen konnte. «Einer alten Frau sah sie ähnlich, die nicht mehr gebären und nicht mehr der Geschenke der Liebesgöttin teilhaftig werden kann» (Kerényi: *Mythologie der Griechen*). So saß sie am Wegrand, als die Töchter des Königs von Eleusis wasserholend sie fanden und sie ehrfurchtsvoll in den Palast baten. Dort übernahm sie die Aufgabe, den spätgeborenen Sohn des Königs, Demophoon, als Amme zu betreuen. Unter ihrer Pflege wuchs und gedieh das Kind wie ein Gott, ohne Speise. Demeter hielt es jede Nacht in das Feuer, wie ein Holzscheit, um ihm die Unsterblichkeit zu verleihen, solange, bis die Königin es bemerkte und voller Entsetzen war. Da verließ die Göttin zornig den Königspalast.

Diese Bilder wollen uns sagen, daß, als der Tod in die Menschennatur eingezogen war, zugleich der Same der Unsterblichkeit in sie gelegt wurde. Was äußerlich wie Vernichtung erscheint, das Durchglühtwerden im Feuer, kann, imaginativ aufgefaßt, den Beginn eines neuen geistigen Lebens bedeuten. Es wird vermutet, daß die Griechen, die an der Feier der eleusinischen Mysterien teilnehmen durften, auf dem Höhepunkt zur Schau eines aus dem Feuer geborenen Knaben aufstiegen. Dies brachte sie dazu, in bildhafter Art zu verstehen, wie Tod und Geburt ineinander verschlungen sind.

Eine besondere Feinheit der mythischen Erzählung ist die Aussage, daß Demeter nach dem Raub der Persephone nicht mehr die gleiche war wie vorher. Bislang von blühender Gestalt, erschien sie nun im Bilde einer alten Frau. Sie, die Göttin der Fruchtbarkeit, nahm die Kräfte des Alters an sich und durchdrang sie mit ihrem Wesen – das heißt aber, sie machte sie fruchtbar. Von nun an strahlt ihre Kraft in die Abbauprozesse des Menschen hinein, während die aufsteigende Lebenshälfte unter der Herrschaft des Eros, des Gottes der Liebeskraft, steht. Diese Wandlung der menschlichen Konstitution in lang vergangener Zeit wird von Rudolf Steiner (am 19. August 1911) in einer Vortragsreihe über griechische Mythologie beschrieben:

«Wenn mit dem Altern des Menschen sich Eros von ihm zurückzieht, dann beginnt wieder der Einfluß der Demeter auf die menschliche Leibesorganisation. Dann kann Demeter in gewisser Beziehung wiederum in die menschliche Leibesorganisation hinein, dann tritt, was Repräsentant der fruchtenden Keuschheit ist, gegenüber der Erosorganisation in den Vordergrund. Und auf ein tiefes Mysterium, auf ein ganz gewaltiges Mysterium im Werden des Menschen werden wir hingewiesen, wenn wir das Altern des Menschen – die Umwandlung der Eroskräfte in die Demeterkräfte – in diesem Sinne verfolgen.»

Es ist an uns, dem nachzuspüren, ob man der Zeit des Altwerdens nicht wirklich eine ganz besondere Qualität abgewinnen kann: Fruchtbarkeit im Sinne von Kreativität, die nicht ihren Ursprung in überschüssiger Vitalität hat, «fruchtende Keuschheit» oder «keusche Fruchtbarkeit» als Gabe der großen Göttin an die moderne Menschheit.

In diese Richtung bewegten sich die Gedanken, die durch meine Seele zogen, als ich vor den Ruinen der alten eleusinischen Kultstätte stand, dem Ort, der früher die höchsten Gefühle von Ehrfurcht und Heiligkeit in den Menschen wecken konnte. Das Anschauen erzeugte ratlose Trauer. Ringsherum Fabrikgebäude, Autos, Abfall – unsere Zivilisation in ihrer ganzen Unschönheit und Destruktivität. Dazwischen die zerfallenen Gemäuer des Heiligtums, von einem Zaun umgeben. Inmitten des eingezäunten Bezirkes ein Felsenhügel, in dem eine Höhlenöffnung gähnt, das «Tor des Hades» genannt.

Nicht sehr hoch ist der Hügel, aber doch hat man, wenn man ihn besteigt, einen gewissen Rundblick frei. Und nun, wenn man das Auge ins Weite schweifen läßt, wird allmählich die Besonderheit der Landschaftsstruktur deutlicher. Der Hügel erhebt sich aus einer weiten Ebene, die nach hinten umschwungen und abgeschlossen wird durch einen Kranz sanftgerundeter Berge. Sie soll früher mit Kornfeldern bedeckt gewesen sein. Vorne fällt die Bergkuppe zum Meere hin ab. Aber auch der Meeresspiegel erstreckt sich nicht ins Unermeßliche, sondern bildet einen Halbkreis, begrenzt durch die sich lang erstreckende Insel Salamis. Man kann ahnen, daß man früher, als diese Geländestruktur noch deutlicher zutage lag, hier in der Mitte der großen, rund abgeschlossenen Fläche, die teils Wasser, teils Land umfaßte, zugleich das Erlebnis von Weite und Geborgenheit haben konnte.

An den Ausgangspunkt zurückgekehrt, versuchten wir wieder, die Ruinenfelder zu enträtseln. Je länger man davorstand und schaute, desto größer wuchs die fragende Bedrücktheit. Schließlich hob sich der Blick von den Trümmerhaufen zu den Wipfeln einiger frühlingsgrüner Bäume, in denen der Wind spielte, und von da weiter hinauf zum lichtdurchfluteten Himmelsraum.

Der Eindruck, den dies machte, läßt sich schwer beschreiben. Es war, als ob dort oben, wie aus dem lebendig webenden griechischen Lichte geboren, die sommerliche Göttin über ihren Kornfeldern schwebte. Plötzlich durchzogen Ruhe und Freudigkeit die Seele und die Gewißheit: Was in der Geisteswelt Wirklichkeit hat, ist unzerstörbar. Was auf Erden keinen Leib mehr findet, weil er geschändet und vernichtet worden ist, steigt auf zu einer höheren Daseinsform. Dort ist es immer vorhanden und läßt sich finden für den, der es mit dem Herzen sucht.

Gehört nicht diese Gewißheit zu dem, was uns Eleusis früher wie heute zu sagen hat? Vielleicht war doch die Reise an gerade diesen geographischen Ort notwendig, um zu dieser Einsicht zu gelangen.

In lichten Höhen,
Wo sonneglitzernd
Die freundlichen Libellen
Verflatternd Wärmestrahlen
Dem Lebensraum vermählen,
Verweile du, meine Seele:
Sie weben mein gedenkend
Aus Trauer Kraft;
Schon fühle ich,
Wie sie mich fühlen;
Wie sie erwärmend
Mich durchdringend strömen;
Der Geist schmilzt
Im Weltenweben
Die Erdenschwere
Zu Zukunftlicht.

*Rudolf Steiner*

# Nachwort

Dies Büchlein gibt ein Erinnerungsbild an die letzte Erdenzeit meiner lieben Mutter, die am 8. März 1990 fast neunzigjährig über die Schwelle des Todes gegangen ist. In ihrem langen Leben hat sie viel Liebe gegeben, ihren Kindern und Enkeln, die bei ihr immer wärmste Teilnahme fanden für alles, was sie bewegte, und auch vielen anderen Menschen in ihrem Lebensumkreis. Die Tiefe ihres Miterlebens entsprang allerdings aus einer melancholischen Grundlebensstimmung, die zeitweilig überwunden wurde, zu anderen Zeiten stärker hervortrat. Einen Tiefpunkt in dieser Hinsicht brachte der zweite Weltkrieg mit seinen schmerzlichen Ereignissen, insbesondere, bereits im Sommer 1940, dem Verlust ihres geliebten Lebensgefährten. Ihr Leben bekam dadurch eine starke Innenwendung. Die Frage nach dem Leben nach dem Tode wurde brennend für sie. Dadurch fand sie den Zugang zur Christengemeinschaft und zur Anthroposophie, deren Lebensanschauung sie sich in den nachfolgenden vierzig Jahren gründlich zu eigen machte, ein Weg, auf dem sie auch ihre Kinder mitnahm.

Ganz im Gegensatz zu ihrem Mann, der fünfzig Jahre vor ihr so abrupt aus dem Leben gerissen wurde, hatte sie einen langen und mühsamen Weg des Sterbens zu gehen. 1979 entschied sie sich, ins Altersheim überzusiedeln, da ihre Sehfähigkeit so nachgelassen hatte, daß sie nicht mehr lesen konnte. Dadurch hatte sie Menschen um sich, die ihr vorlasen, und konnte an vielen Veranstaltungen teilnehmen. 1985 wurde die Umlegung in die Pflegeabteilung notwendig.

Im darauffolgenden Jahr, als sie zum Weihnachtsfest bei uns weilte und von erstaunlicher Harmonie und Fröhlichkeit war, beschloß der «Familienrat», bestehend aus Tochter, Schwiegersohn und vier erwachsenen Enkeln, sie zu behalten und zu versuchen, sie zu Hause zu pflegen, was dann für mehr als vier Jahre, das heißt bis zu ihrem Tode, auch geschah.

Es ist natürlich ein Wagnis, eine so starke Bindung und Verantwortlichkeit zu übernehmen, wenn auch noch andere Lebensverpflichtungen vorliegen. Die Zweifel blieben nicht aus. Immer wieder tauchte die Frage auf, ob es wohl so weitergehen könne. Es war ja eine Aufgabe, die nicht von einem allein zu leisten war. Es war Hilfe nötig, und das von Jahr zu Jahr mehr. So schwebte man ständig in Unsicherheit.

Tatsache war dann, daß die Hilfe immer da war, wenn es wirklich notwendig wurde. Man hätte es nicht so planen können, aber der «Zufall» wollte es, daß in den ganzen vier Jahren immer mindestens einer der Enkel zu Hause wohnte. Dazu kam die unentbehrliche Hilfe der Schwestern des Hauspflegevereins und einiger Studenten. Keine Ferienreise mußte wegen der Großmutter ausfallen. Mehr und mehr wuchs das Vertrauen, daß Hilfe dort ist, wo sie gebraucht wird.

Zu den Hilfen sind nicht nur die praktischen Dienstleistungen zu zählen, sondern auch jeder positive Gedanke. Umgekehrt zog die Äußerung, daß man einen so schweren Pflegefall doch nicht zu Hause behalten könne, sogleich für längere Zeit eine schwere Entmutigung nach sich. Zuspruch und Interesse wurden als wirkliche Kräfte erlebt. Im Nachhinein erfüllt mich eine tiefe Dankbarkeit für alles, was in dieser Richtung gegeben wurde.

Ein wichtiges Erlebnis war mir auch, daß anthroposophische Menschenkunde nicht nur in der Pädagogik für das Heranwachsen des Menschen fruchtbare Impulse zu geben vermag, sondern auch für das Altwerden und Sterben. Andernfalls wäre eine Tätigkeit wie die hier beschriebene eine rein karitative. So aber wuchs mit der pflegenden Tätigkeit zugleich das Verständnis, wodurch das Erkenntnisleben eine Vertiefung erfuhr.

Die Gedanken des zweiten Kapitels über die Metamorphose des Geistigen in Physisches und des Physischen in Geistiges im Lebenslauf basieren auf dem 7. Vortrag des Vortragsbandes von Rudolf Steiner *Die Brücke zwischen der Weltgeistigkeit und dem Physischen des Menschen* (Gesamtausgabe Bibliographie-Nummer 202), die des letzten auf dem 2. Vortrag des Zyklus *Weltenwunder, Seelenprüfungen und Geistesoffenbarungen* (GA Bibl.-Nr. 129). In der Zeit nach dem Todesereignis waren mir die drei Vorträge vom 22. bis 24. November 1915 besonders hilfreich (in *Die geistigen Hintergründe des ersten Weltkriegs,* GA Bibl.-Nr. 174 b). Dort wird in sehr konkreter Weise davon gesprochen, was wir für die sogenannten Toten tun können, was sie für uns bedeuten und wie die physische und die geistige Welt ineinander verwoben sind.

In der Beschäftigung mit solchen Gedanken kann das Erlebnis immer konkreter werden, wie das, was wir an Kraft und Liebe einem Sterbenden hingeben, nach seinem Tode in reichem Maße zurückströmt, was nur mit tiefer Dankbarkeit hingenommen werden kann. Ein Ausdruck dieser Dankbarkeit sollen die in diesem Buche aufgezeichneten Erlebnisse und Gedanken sein in der Hoffnung, daß sie auch für andere Menschen in einer ähnlichen Lebenslage Bedeutung haben können.

Dornach 1990                    *Almut Bockemühl*

**falter** im Verlag Freies Geistesleben